Certifié PEFC

Ce produit est issu de forêts gérées durablement et de sources contrôlées.

PEFC 10-31-1093

pefc-france.org

ISBN 978-2-7002-2762-8

L'école d'Agathe

Texte de Pakita

Images de J.-P. Chabot

# Où est la dent de Laura ?

RAGEOT • ÉDITEUR

Vous connaissez Laura ?

C'est la meilleure copine de Magali. Quand elles sont ensemble, elles se racontent des tas de secrets à voix basse et puis, hi hi hi hi hi ! elles pouffent de rire !

C'est énervant ! On dirait toujours qu'elles se moquent de nous !

Alors avec Zizette et les autres filles, quand on les voit parler derrière leurs mains, on fait pareil. En plus, on les montre du doigt pour leur faire croire qu'on dit des trucs sur elles.

**Et toc !**

Mais hier après-midi, à la récré, on a décidé de faire la **paix** avec Laura.

On a toutes crié :

On a inventé ça pour arrêter les bagarres.

Parce qu'il est arrivé quelque chose de **très grave** à Laura.

Depuis plusieurs jours, Laura a une **dent du haut** qui bouge... Elle a déjà perdu ses deux **dents du bas** et tout s'est très bien passé. Le soir, elle a bien mis sa dent sous l'oreiller et la petite souris est passée. Le matin, à la place de la dent, il y avait une pièce d'un euro !

Mais cet après-midi, **ouille ouille ouille !**

On était tranquillement en train de faire nos opérations sur notre **cahier rouge.**

À part Tom qui ramassait sa règle, la maîtresse qui tournait les pages d'un livre, Alexandre qui reniflait, Laura et Magali qui pouffaient et le marteau-piqueur des travaux de la rue, on n'entendait pas un bruit.

**Quand soudain un grand cri a déchiré le silence...** (C'est une phrase super, hein ? Je l'ai lue dans un livre de mystère.)

Le cri venait du fond de la classe. On s'est tous retournés.

C'était Laura. Elle était toute rouge. La maîtresse a foncé vers elle.

– Qu'est-ce que tu as, Laura ? Qu'est-ce que tu as ?

La maîtresse s'est mise à parler à toute vitesse :

– Ce n'est rien Laura ! Rien du tout ! Avaler une dent, c'est... comme avaler un noyau de cerise ! Les enfants qui avalent des noyaux de cerises ont toujours peur qu'un cerisier pousse dans leur estomac, alors qu'avaler une dent ne te fera pas pousser un dentier !

Et madame Parmentier s'est mise à rire, elle ne pouvait plus s'arrêter. On n'y comprenait rien !

Et puis tout à coup, pouf ! La maîtresse est redevenue comme d'habitude.

– Excusez-moi, les enfants. C'est nerveux. J'ai eu **très peur** quand Laura a crié et quand j'ai vu que ce n'était **pas grave**, j'ai été prise d'une crise de fou rire.

On allait excuser la maîtresse, mais Laura a hurlé :

– Laura, ta maman expliquera à la petite souris ce qui s'est passé et tout s'arrangera.

Et la récré a sonné.

– Allez, hop, tous dehors, ça vous changera les idées !

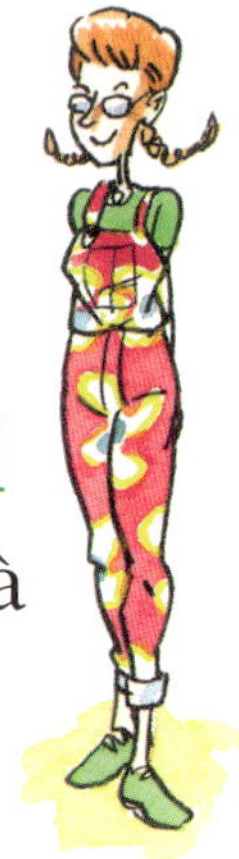

Arrivés dans la cour, on a couru vers le **grand tilleul.** C'est toujours là qu'on se donne rendez-vous quand il y a un problème à résoudre ou des histoires à écouter. On l'aime bien, le tilleul, même que des fois on lui caresse le tronc et on lui parle.

On s'est tous assis autour de Laura.

– En plus de son fou rire, la maîtresse a dit n'importe quoi ! a commencé Magali. Les souris ne comprennent pas le langage des humains !

– Réfléchissons, a commandé Audrey. Laura ne peut pas mettre sa dent sous son oreiller, alors **comment** prévenir la petite souris qu'elle a perdu une dent ? **Qui** propose quelque chose ? (Audrey joue toujours à commander comme madame Parmentier !)

– Tu n'as qu'à lui faire un dessin, Laura, avec plusieurs cases qui expliquent ce qui s'est passé, a proposé Aziz.

**Dans la première case,** tu dessines ta dent qui bouge. **Dans la deuxième case,** tu dessines ton corps avec ton estomac et ta dent dedans. **Dans la troisième case,** tu pleures avec des larmes énormes.

– N'importe quoi Aziz ! La petite souris ne sait pas lire ! a répondu Laura.

– J'ai une autre idée, Laura, a dit Zizette. Tu n'as qu'à couper un petit morceau de gruyère en forme de dent et le mettre sous ton oreiller.

– Non, c'est nul, a répondu Stéphane. La petite souris sait bien qu'une dent, c'est dur et que ça ne sent pas le fromage ! En plus, si elle voit que Laura s'est moquée d'elle, elle ne reviendra peut-être **plus jamais !**

– Ce serait **horrible !** a murmuré Laura.

– Et si on fabriquait une dent en pâte à modeler qui durcit ? Je suis sûre que la petite souris ne verrait rien ! a proposé Zoé. C'est dur, ça ne sent pas le fromage, et voilà !

– Peut-être, mais c'est super fragile ! Imagine que la petite souris la fasse tomber sans faire exprès. Paf ! **la dent casse** et résultat : pareil que pour le gruyère, la petite souris ne revient **jamais !**

– Oh non !

Tom s'est levé, très excité.

– **Moi, moi, je sais !** J'ai la **meilleure** idée du monde ! Laura, tu n'as qu'à récupérer ta **vraie dent !**

– Et comment je fais ?

– **Quoi ???**

On a tous fait des horribles grimaces, on était dégoûtés.

– Ben quoi ! C'est la nature ! a répondu Tom. Un jour, ma petite cousine a **avalé** une barrette. Ma tata l'a emmenée à l'hôpital. Le docteur a fait une radio. C'était drôle, on voyait la barrette dans l'estomac de ma cousine. Et il a dit à ma tata de surveiller le **caca** de ma cousine, même qu'à la place de dire **caca** il a dit les selles.

On a tous crié :

– Quand même, c'est **beurk !**

La sonnerie a retenti, on s'est mis en rang. Pour aller au gymnase, c'est simple.

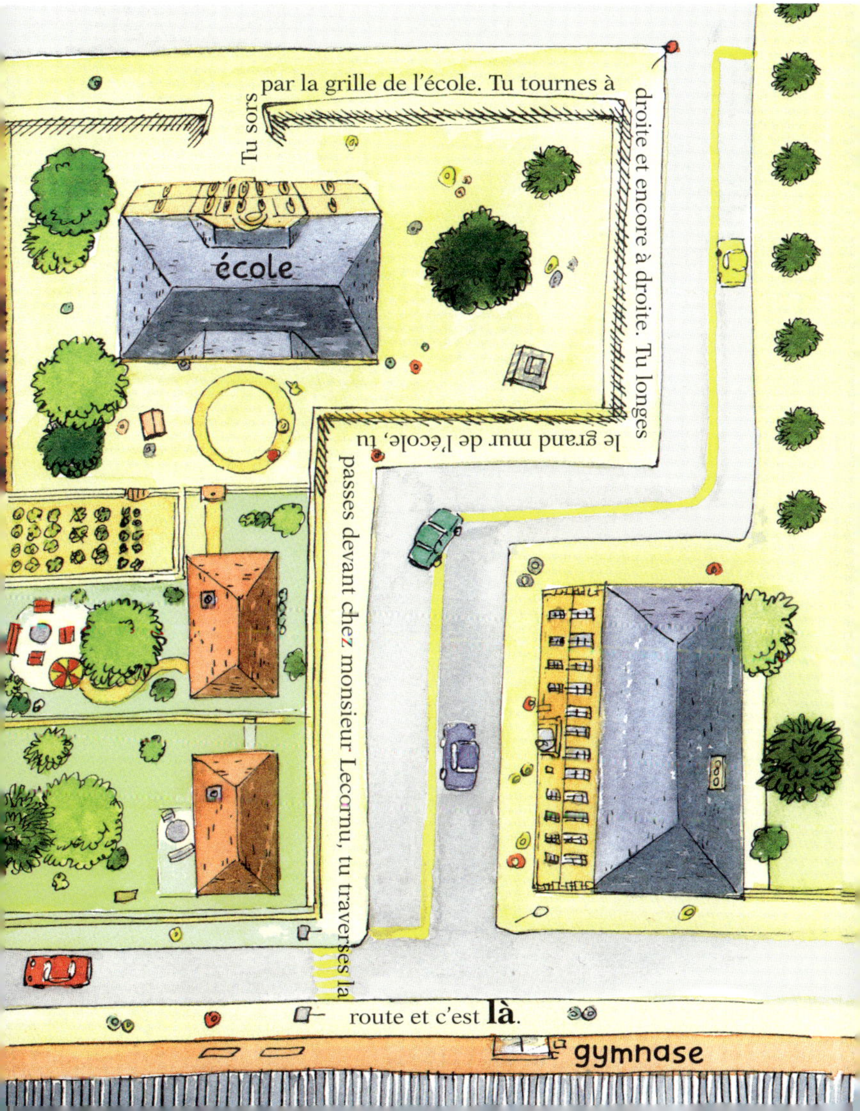

Jacques, le prof de gym, est comme madame Parmentier. Il aime qu'on soit en rang deux par deux pour marcher.

Je tenais la main de Zizette, quand Chloé a crié :

– Jacques, il faut attendre Laura !

Vous savez ce qu'elle faisait ?

Elle faisait **l'équilibre,** la tête en bas, en appuyant les jambes contre le grand mur de l'école !

– Laura ! Tu attends d'être au gymnase pour faire de la gym ! a crié Jacques.

Laura s'est vite remise **à l'endroit** et elle nous a rejoints en courant. Elle n'a rien répondu. Nous, on avait deviné qu'elle voulait faire **redescendre** sa dent par la bouche !

Dans le gymnase, c'était super. On a tous joué à la balle aux prisonniers. D'habitude, Laura est très forte. Mais là, quand le ballon est arrivé vers elle, elle s'est laissé toucher. Et Tom juste après !

Et vous savez ce qu'ils ont fait tous les deux ? **La brouette,** pour secouer la dent de Laura.

Mais Jacques les a vus et il les a punis sur le banc.

À la sortie de l'école, la dent de Laura était toujours au fond de son estomac et nous, on n'avait plus d'idées pour prévenir la petite souris.

Laura est rentrée chez elle, elle était triste.

Nous aussi, on était tristes pour elle.

Mais ce matin, surprise ! Elle est arrivée à l'école en criant :

– Vous savez quoi ? Je l'ai eue ! Je l'ai eue ma pièce d'un euro !

– Comment tu as fait ?

**– Rien !** Je n'ai **rien** fait !

**– Quoi ???**

– Hier soir, je cherchais tellement fort une idée pour la souris que je me suis endormie ! Et ce matin, elle était passée. Elle avait **deviné !**

**Oh là là !** Ce soir, je n'arrive pas à dormir. Il y a trop de **mystères mystérieux** dans la vie. C'est vrai ! Il n'y a pas que la souris de Laura qui est magique. Moi, à Noël, j'avais oublié d'envoyer ma lettre au **père Noël,** mais il m'a quand même apporté la patinette que je voulais !

Ce n'est pas **bizarre,** ça aussi ?

Bon, allez, bonne nuit quand même !!!

## L'auteur

**Pakita** aime tous les enfants ! Les petits, les gros, les grands, avec des yeux bleus, verts ou jaunes, avec la peau noire, rouge, orange, qui marchent ou qui roulent, et même ceux qui bêtisent !
Pour eux, elle se transforme en fée rousse à lunettes, elle joue, elle chante, elle écrit des histoires et des chansons pour les CD, les livres ou pour le dessin animé.

## L'illustrateur

**Jean-Philippe Chabot** est né à Chartres en 1966. Avant d'entrer à l'école il dessinait déjà. À l'école, il dessinait encore. Puis il a choisi de faire des études de… dessin. Et maintenant, son travail c'est illustrer des albums et des romans.
Il est très heureux de dessiner tous les jours et parfois même la nuit mais toujours en musique.

L'école d'Agathe

# 68 titres parus

35- Alice et son pigeon voyageur

38- Pierre fait des farces

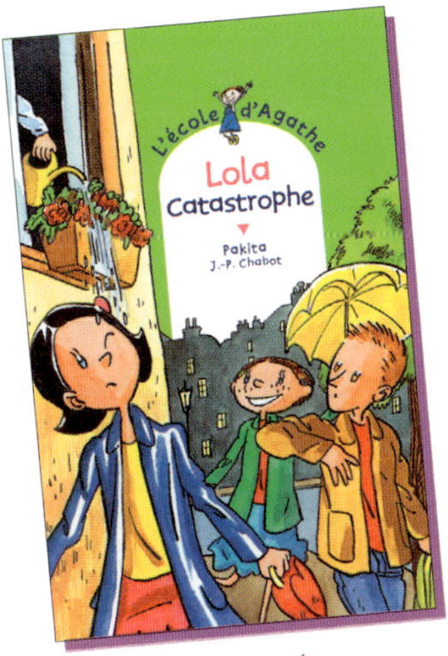


41- Lola catastrophe

44- Mon hamster veut aller à l'école

L'école d'Agathe

Toute la série
L'école d'Agathe
sur www.rageot.fr

PAPIER À BASE DE FIBRES CERTIFIÉES

**RAGEOT** s'engage pour l'environnement en réduisant l'empreinte carbone de ses livres. Celle de cet exemplaire est de :
216 g éq. $CO_2$
Rendez-vous sur www.rageot-durable.fr

Achevé d'imprimer en France en novembre 2012
par I.M.E. – 25110 Baume-les-Dames
Dépôt légal : novembre 2012
N° d'édition : 5796 - 14